U0716927

金申讲古代佛像

金申 ◎ 著

中国财富出版社

图书在版编目（CIP）数据

金申讲古代佛像 / 金申著 . —北京：中国财富出版社，2016.6
（中国财富收藏鉴识讲堂）
ISBN 978-7-5047-6148-4

Ⅰ . ①金…　Ⅱ . ①金…　Ⅲ . ①佛像—鉴赏—中国　Ⅳ . ① B94

中国版本图书馆 CIP 数据核字（2016）第 118586 号

策划编辑　张　静		**责任编辑**　张　静			
责任印制　方朋远		**责任校对**　杨小静		**责任发行**　张红燕	

出版发行　中国财富出版社
社　　址　北京市丰台区南四环西路 188 号 5 区 20 楼　　**邮政编码**　100070
电　　话　010-52227568（发行部）　　　010-52227588 转 307（总编室）
　　　　　　010-68589540（读者服务部）　010-52227588 转 305（质检部）
网　　址　http: // www. cfpress. com. cn
经　　销　新华书店
印　　刷　北京京都六环印刷厂
书　　号　ISBN 978-7-5047-6148-4 / B・0495
开　　本　787mm×1092mm　1 / 24　　　**版　　次**　2016 年 6 月第 1 版
印　　张　7　　　　　　　　　　　　**印　　次**　2016 年 6 月第 1 次印刷
字　　数　94 千字　　　　　　　　　　**定　　价**　48.00 元

· 前　言 ·

中华民族是世界上最热爱收藏的民族。我国历史上有过多次收藏热，概括起来大约有五次：第一次是北宋时期，第二次是晚明时期，第三次是康乾盛世，第四次是晚清民国时期，第五次则是当今盛世。收藏对于我们来说，已不仅仅是捡便宜的快乐、拥有财富的快乐，还能带给我们艺术的享受和精神的追求。收藏，俨然已经成为人们的一种生活方式。

收藏是一种乐趣，收藏更是一门学问。收藏需要量力而行，收藏需要戒除贪婪，收藏不能轻信故事。然而，收藏最重要的依然是知识储备。鉴于此，姚泽民工作室联合中国财富出版社编辑出版了这套《中国财富收藏鉴识讲堂》丛书。当前收藏鉴赏丛书层出不穷，可谓鱼龙混杂。因此，我们这套丛书在强调"实用性"和"可操作性"的基础上，更加强调"权威性"，目的就是想帮广大收藏爱好者擦亮慧眼，提供最直接、最实在的帮助。这套丛书的作者，均是目前活跃在收藏鉴定界的权威专家，均是央视《鉴宝》《一槌定音》等电视栏目鉴宝专家。他们不仅是收藏家、鉴赏家，更是研究员和学者教授，其著述通俗易懂而又逻辑缜密。不管你是初涉收藏爱好者，还是资深收藏家，都能从这套丛书中汲取知识营养，从而使自己真正享受到收藏的乐趣。

　　《金申讲古代佛像》作者金申先生是古代造像专家、中国艺术研究院美术研究所教授、文化部艺术品鉴定委员会委员、鉴博艺苑收藏品鉴定委员会委员、中国世家鉴定委员会鉴定专家。他曾多次为国家文物局举办的培训班和海内外高等院校讲授佛教文物考古，为国内外公私博物馆鉴定佛像。他长期致力于佛教美术史和佛教图像学研究，成绩显著；在佛教文物鉴定方面，尤有独特功力。该书是他研究古代佛像集大成之力作，对古代佛像收藏爱好者以及古代佛像研究者均有极大的帮助。

姚泽民工作室

2015 年 4 月

目 录 Contents

第一章

佛教初传期的佛像

—————— 金申讲古代佛像 ——————

·佛教初传期的佛像·

　　佛教最早是什么时候传入我国的，尽管学术界有多种意见，但无论是据出土实物判断，还是证之史籍，应该说在东汉初年的公元 1 世纪左右是妥当的。

　　据《后汉书·西域传》记载：汉明帝梦到高大的鎏金铜人，头部还会发光，大臣告知西方有神称为佛，于是明帝遣使到天竺（印度）求法，并带回了佛像图样。以后这些图像得以临摹传播。这个故事在《四十二章经序》、牟子《理惑论》、晋王浮《老子化胡经》、郦道元《水经注》、杨衒之《洛阳伽蓝记》等书中都有大同小异的记载。

　　"金人长大，顶有光明"：金人当即鎏金佛像；顶有光明，自然就是佛像

沂南汉画像石的线刻人物

必不可少的组成部分——头光或说背光。这个物件成了判断早期美术品上出现的人物形象是否是佛教内容的重要标志和依据。

1954 年发掘的山东沂南（汉代属徐州地区）汉画像墓，据考证为东汉恒帝时期的，引人注目的是中室八角擎天柱的顶端北面和南面各以阴线刻画有一男子（过去相沿为童子）立像，唇上还有两撇上翘的胡须，有西域人物的形象因素。头部环绕有同心圆的光环，有的学者认为这人物头上的头光是受到佛教的影响而来的，应无大谬。这个人物说不定即是佛陀。头光在东汉以前的美术品上从来没有发现过，这个属于佛像专用的东西，很可能是东汉时的人在佛像上偶有所见，得到启发，顺手拈来的。

楚王刘英的封地在徐州，他是最早信奉佛教的上层统治者，曾为浮屠（佛陀）斋戒祭祀，封国境内的百姓稍有信奉者，以后逐渐转盛。

徐州治所的下邳已经建起了浮屠寺。《后汉书·陶谦传》记载，陶谦任徐州刺史时委派同乡笮融督运广陵、下邳、彭城三郡的粮食，笮融竟然私自将这三郡的收入用来大兴土木，起建佛寺。佛塔的顶上竖立金盘（相轮），周围是回廊，可容三千多人；铸造金铜佛像，外罩锦绣绸缎。每到浴佛节，在路上铺席子，广为施舍饭食，万人聚集，颇为壮观。

上文描述佛寺的佛塔高耸，顶上有金铜的塔刹，下有数层塔身，围绕着佛塔四周是佛堂建筑，结合敦煌石窟北魏壁画的建筑看，是很符合我国早期寺院正中立佛塔、周围建佛堂的寺庙规制的。

据以上记载可知，东汉时佛教在江苏、鲁南一带已经有了一定的信徒和规模。

江苏连云港的孔望山位于江苏省连云港市锦屏山的东北，新浦以南5里。摩崖造像高约129米，在山的西端长约700米、高129米的崖壁上依山势浮雕108个人物，最大的人像高1.54米，最小的人头像仅10厘米。浮雕内容有饮宴图、百戏图等。

1980年，史树青先生首次指出造像有佛教内容。从浮雕依稀可辨的涅槃像和舍身饲虎等故事画来看，应属于佛教内容无疑。

这些人像雕刻的时间，有后汉说、魏晋说，甚至唐代说。雕刻多为减底法，人物略高出崖面，衣冠服饰确是汉代的。

引人注目的是西端的一尊佛立像，高肉髻、右手作施无畏印、左手持大衣一角，已经是完整无误的标准立像形式。在他东侧是一位戴冠袖手的人物立像，两尊像从雕刻风格判断显然不是同时代之物。

戴冠袖手人物立像的雕刻手法是在减底的人物轮廓上用阴刻线来表现衣纹和面部，注意眉毛是用双阴刻线来显示的。而佛立像虽也是减底轮廓，但面部的眼窝深陷，手臂凸起，右手和左手持大衣一角的细节都是用浮雕的形式来刻画的，整体具有立体感，轮廓线也较旁边的人物立像清晰有力，从表现形式到保存现状，显而易见，佛立像的雕刻年代要晚于人物立像。

如果将戴冠的人物像定在汉代，那么从佛立像的造型样式和细节特征判断，二者显然是不能相提并论的，佛立像只有放在北朝时代才更妥当。此外

6

还有一些应该是和佛立像同时期雕刻的佛教内容浮雕，这类作品的年代也要迟至北朝才能说得通。

连云港孔望山浮雕佛像（现代——北朝陆雕刻）

从主流佛像艺术传入中国的时期推断，这些岩刻像应该不是同时期制作的。并且孔望山也不完全是佛教内容，还有道家的东西，判断它们陆续制作于3—6世纪的东汉、魏晋至北朝时期较妥当。

吴焯先生也认为，结合苏北、鲁南在东汉时佛教传播的形势，孔望山在汉代已有佛教题材的雕刻是有可能的，但舍身饲虎、涅槃图这类题材出现在东汉似乎也为时过早。

摩崖画像东侧约70米处，有一石雕大象，略大于真象，脚戴镣铐；旁边浮雕有一丁字形头饰的象奴，手执训象钩。整体造型线条简洁，由于久经风蚀，可看出象奴的形象是重新勾勒修改过的，大象的细部线条也被重新刻画过。

大象背部用双勾阴刻隶书体的"象石"二字，近年在石象前腿里侧，发现有一行竖刻的隶书，辨认为"永平四年四月"。假若是东汉的永平，那么此年为公元61年。如果确是永平四年佛教徒出于佛教圣物崇拜的目的而雕刻的，那么就比佛教史上记载东汉永平十一年（68年）汉明帝感梦遣使西域求佛经，归来特建白马寺的时间还早了七年，这样佛教传入的时间就过早了，连佛教史都要改写。

佛教和象的关联很深，佛经中不乏白象的记述。在孔望山雕刻大象，无疑是将大象视为佛教圣物。因此，如果确实是汉代佛教徒为供祀佛教中的大象，则将这头象看作是真实的大象，不可能想象在象身上刻写"象石"二字。在象身上刻写"象石"二字的风习，总使人疑是宋元以来金石学家的癖好所致，说不定是宋元时代在修整象奴时后人添加的。

象石的造型颇有古意，如果放在北魏永平（508—512 年）的时代则顺理成章了。实际上"永平四年"刻款已经为孔望山佛教浮雕人物群建立了一个年代标尺，孔望山的雕刻始于东汉是可能的，关键是此后陆续添加了哪些内容。

在内蒙古和林格尔的东汉壁画墓里还出现了带有"猞猁"和"仙人骑白象"题记的画面，"猞猁"应即"舍利"的通假字写法，"仙人骑白象"很显然也是东汉时人们对佛教尚不了解，将佛教中的太子乘白象、普贤菩萨乘白象的内容与道教及秦汉时的神仙方外之士骑乘的青牛等坐骑混淆不清所致。

连云港孔望山汉代石像（1）

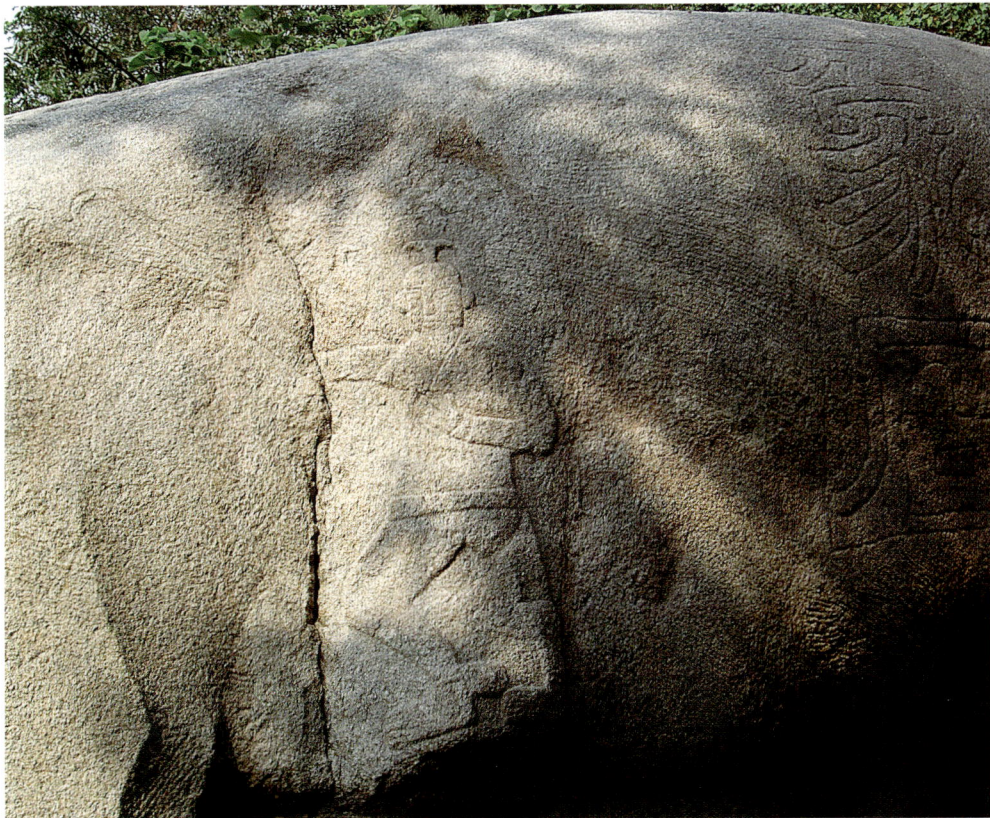

连云港孔望山汉代石像（2）

四川方面，1941 年，由吴金鼎、夏鼐等人组成的川康古迹考察团对四川彭山汉代崖墓进行了发掘。116 号出土物中引人注目的是陶摇钱树座，高 21.3 厘米，南京博物院藏。陶座上塑有一尊坐佛，左右有穿交领胡服的武士和一腰间束带的侍者。

坐佛束发，高肉髻，身着包覆双肩的通肩大衣，衣褶起伏厚重，有一定的立体感，左手持大衣一角，右手上扬，可以说已经是较成熟的佛像形式了。其基本格局框架与犍陀罗的佛坐像接近，两侧的人物应该是从犍陀罗佛像旁常出现的护法神、金刚力士一类人物而来的。摇钱树座是 2—3 世纪中国与西北印度文化交流的确切证据。

树座的基座浮雕龙虎衔璧，多见于四川西王母画像石上，此钱树已失，仅有残片，但 1981 年四川忠县涂井沟出土的摇钱树残断上，可清楚地看到树干上有一尊佛坐像，高肉髻、通肩大衣，右手作施无畏印、左手持大衣一角。

美国旧金山亚洲艺术馆藏有一株完整的摇钱树（高约 150 厘米），树枝上挂满了铜钱，树干上部有一尊通肩大衣的坐佛，衣褶正面呈 U 形，与 4—5 世纪的十六国佛像衣褶极为近似，单独看，是个很成熟的带有印度犍陀罗风

彭山汉墓出土的陶钱树座

格的坐佛像。但树的顶部却是西王母，头戴胜，身着交领深衣，上罩羽盖，坐在席上，左右有青龙白虎侍卫。

汉代摇钱树及陶座（美国大都会博物馆）（1）

汉代摇钱树及陶座（美国大都会博物馆）（2）

2002 年，为配合三峡大坝工程的进一步开展，在丰都县镇江镇观石滩村长江北岸的台地 9 号墓内清理出红陶马，右后腿刻有"巴郡平都蔡君骑马"隶书款，同墓还出土了摇钱树，在陶树座有"延光四年（公元 125 年）五月十日作"隶书款。在残树干上铸有坐佛像，残高 5 厘米，高发髻，交领大衣，右手作施无畏印，左手残，有火焰状头光。

这件带有纪年款的摇钱树极为珍贵，为同类摇钱树提供了时代标尺。它确切无疑地揭示出东汉中期佛教已经在长江流域西南地区广泛流行，并体现在摇钱树上。

2004 年，三峡库区的奉节县还出土了一件陶制摇钱树。全体为陶制的摇钱树，甚为罕见。而在湖北宜昌三峡库区的秭归台子湾的东汉至三国的墓中还发现了一棵鎏金的摇钱树。

仅在三峡库区的四川、重庆、湖北近年来至少发现了五六例摇钱树的报告。

摇钱树广泛分布于四川、重庆、湖北、云南、贵州等西南地区，在陕南和河南南部也有发现。陕西城固县汉墓出土的摇钱树（2—3 世纪，高 93.5 厘米，城固县文管所藏）。在树的顶端一般是西王母高踞而坐的位置上也有一尊坐佛，高肉髻、唇上有两撇上翘的胡髭，类似漫画的手法，一见使人想起犍陀罗带有唇髭的佛像。通肩的大衣对工匠们来说也不太熟悉，有如西方武士的紧袖戎装，右手明白无误地抓着大衣的一角，左手作施无畏印。虽与犍陀罗佛像左手抓大衣一角、右手作施无畏印的形式正相反，但它表现的是佛坐像，无可置疑。在树的枝干上则饰有汉代传统的青龙、白虎、朱雀、人骑、猴等，陶座上堆塑的是汉代惯用的象征博山的山峦。

由于此时期工匠们对佛教图像不太熟悉，或说缺乏好的图样做范本，有点似是而非，但佛像的高肉髻、唇髭、通肩大衣以及双手的动势这些佛像最基本的特征都具备了，不能说不是佛像。

这如此多的几乎是以同一思路和理念制作的带有佛像的摇钱树，在东汉、三国时广泛地分布于西南和西北地区，可谓是佛教艺术的萌芽状态。

1940年发现的四川乐山麻浩1号汉代崖墓的浮雕佛像具有划时代的意义。此墓为横前室、后三室，在墓门、门道和墓室壁上均雕刻有建筑、车马、人物、伎乐画像，没有发现佛教内容。唯独在距地面高2米左右的后室门楣上浮雕了一尊佛坐像，高 37 厘米，高肉髻，项有圆光，通肩式大衣，左手持大衣一角，右手作施无畏印，结跏趺坐。整体上比例协调，衣褶厚重有立体感，手部生动有力，具有很强的艺术表现力。

四川麻浩崖墓横枋浮雕佛像

无论是整体框架还是细部表现，可以明显地看出此像是脱胎于犍陀罗的佛像形式。

据麻浩崖墓不远的柿子湾崖墓群中也在墓室的门楣位置发现了二尊佛坐像，样式上都大同小异。崖墓群的相关出土物器上有顺帝永和（136—141年）和桓帝延熹（158—167年）等纪年题记。故而认定这些佛像时代当为东汉末至蜀汉末时期。

这三尊佛像所在的横枋位置，按乐山地区崖墓的通例往往是雕刻青龙、白虎四神兽的位置。纵观中国古代墓葬，将佛像置于墓内一起入葬的现象极为罕见。可知将佛像置于墓室横枋上，仍是汉时人们对佛像与神仙方士的长生不老、驱邪避祟的观念等同视之，佛像不过是神仙思想的附庸而已。

四川、重庆、湖北如此频繁而广泛地在摇钱树上和崖墓里发现佛教内容的遗物，背后必然蕴藏着深厚的中国与印度文化交融的历史背景。特别是这些佛像具有广泛意义上的犍陀罗佛像样式的基本特征，自然不能证明我国西南地区的川北与西北印度的犍陀罗有直接的联系，它的源头应在我国的新疆地区，即历史上的西域。

汉初，大月氏人就不断地移住信奉佛教的中国西域，以后又逐渐地往长安、洛阳和洛阳以东发展。汉代蜀中的佛教主要应是通过长安进入的，发现佛教摇钱树的陕西城固，即位于长安入蜀的路上，河南济源发现陶制摇钱树之地则位于洛阳之北，而此时川西北与西域交通的河南道，即羌中道（今青海省），此时尚是不信佛教的突谷浑人所管辖驻牧，道路阻绝凶险，不可取道。到了两晋时，河西不通，没有办法时才有僧人取道蜀之西界，但也不是畅通无阻，全凭时势和运气。也有学者根据《史记·西南夷列传》中的记载，认为四川到印度还存在着一条通道。

及元狩元年（前 122 年）博网侯张骞使大夏来，言居大夏时见蜀布、邛竹杖。使问所从来，曰：从东南身毒国，可数千里，得蜀贾人市。

大夏为大月氏人所建，犍陀罗佛教艺术正兴起于此时，蜀国的布和邛竹杖通过什么途径到了印度，又辗转到了大月氏，确实是个颇为诱人的中西交通课题。张骞的汇报引起了汉武帝的兴趣，他派王然于、柏始冒、吕越等人，从西南探求通达印度之路。但由于昆明闭道，未能成功。及至东汉时，永平十二年（公元 69 年）西南已全部归入汉朝版图，汉置永昌郡，由蜀中走滇西，经滇越、哀劳而至缅甸，复由缅甸至印度的道路畅通无阻，佛教自然也可以由此机缘由印度而入中国，且由印度人经缅甸到永昌郡经商并定居下来。从理论上说，佛教从印度传入四川是可能的。

吴焯先生认为乐山、彭山崖墓的佛像固可能自川缅入印度道传来，但更大的可能是由羌中通西域的路线。乐山、彭山距成都不远，均在岷江沿岸，正当这条交通线上，佛教传入应首先受染。

总之，汉代川蜀佛教到底是从西南的陆路和海路传入的还是从羌中路由西域传入的，甚或是印度从西域通过长安、洛阳而入蜀的，种种推测均持之有理。但仅从这些初期佛像的样式看，仍大致不出西北印度犍陀罗所确立的规范。中印度的以马土腊（秣菟罗）地区为代表所流行的薄透贴体的佛像尽管也与犍陀罗佛像基本同时产生了，但纵观我国的早期佛像风格，仍以犍陀罗佛像风格占主导潮流。

避开复杂的历史地理背景不谈，仅从佛像那种高髻、带唇髭、厚重的大衣等样式看，属于西北印度佛像的系统，从羌中或从关中入蜀的可能性更大些。

摇钱树和崖墓里出现的佛像，依然是神仙方术的长生不老、驱邪厌胜思想的体现，表明佛教的理论还没有被人真正理解，佛像与民间的驱邪避祟的神祇混淆不清。

第二章

历代汉传佛像的特征及辨伪

金申讲古代佛像

·历代汉传佛像的特征及辨伪·

一、十六国时代的金铜佛像

十六国是西晋（265—316 年）末年，北方少数民族一时间纷立小朝廷，共有匈奴、羯、羌、鲜卑等族建的成汉、二赵（前、后）、三秦（前、后、西）、四燕（前、后、南、北）、五凉（前、后、南、北、西）和夏，共十六国，史称十六国时期。从 304 年刘渊称王，一直到 439 年北魏统一中国为止，前后一百三十五年。这些小王朝短的两三年，长的不过四五十年。活动的疆域也多在今甘肃、陕西、内蒙古、河北一带，即黄河流域的中上游地区。

这些小王国多已信奉了佛教。十六国的小铜佛像由于绝大多数佛像没有铭文，故到底是十六国时代哪个朝廷铸造的很难确指，但他们的造型规律还

建武四年佛坐像

是一致的。

最早有明确纪年的十六国佛像是后赵建武四年（338年）鎏金铜佛坐像，像高39.7厘米。此像为高肉髻，呈束发状，宽额，大眼横长，着通肩式大衣，衣纹为图案化的U形平行分布于胸前和前襟部，衣纹断面呈浅阶梯状，双手于胸前作禅定印，趺坐于四方台座上。

又有一尊现藏日本大阪市立美术馆的鎏金佛坐像，高19厘米。此佛像为匈奴赫连夏胜光二年（429年）所制。407年匈奴赫连勃勃称天王大单于，国号夏，建都统万城（今内蒙古鄂尔多斯），418年一度夺取长安即称帝，431年为吐谷浑所灭，此佛像是灭国前二年所造。

夏胜光二年佛坐像

带有佉罗文的佛坐像

上述二座佛像均有汉字铭文。最可注意者为1979年西安文管会从废铜中收购的一尊金铜禅定佛像（高13.4厘米），磨光肉髻，通肩大衣，衣纹在肩部断面呈起伏阶梯形，立体感颇强；像背后刻有佉罗文。铸造者可能是汉化了的大月氏人，时代也应在公元400年之后。

尽管十六国佛教带铭文者甚稀见，但上述三尊像却代表了中亚—长安、陕北—鄂尔多斯、河北三个大区域的风格，有着相当大的一致性。

河北省石家庄北宋村出土的铜佛像，高19厘米，全体由佛身、光背、圆伞盖和四足方座共四部分组合而成。

甘肃泾川县出土的佛坐像

　　甘肃泾川县玉都乡也出土过一件同类型的佛像，高 19 厘米，构造与石家庄北宋村佛像大同小异，如此完整的十六国佛像堪称绝品。

石家庄出土的十六国佛造像

虽然建武四年像和大夏胜光二年像均为束发形的高肉髻，发纹清晰、深刻。但通观此时期佛坐像，佛发肉髻有如一颗大圆珠称磨光肉髻的为多。

十六国佛坐像几乎无例外一律均着通肩式大衣，胸前及前襟部衣纹呈U形或V形状，衣纹断面呈浅阶梯状，呈现一种程式化的衣纹形式。

佛像跌坐的方台座两旁无例外浮雕二伏狮子，呈正面，正面露二前腿。

1. 十六国佛像的特征

（1）佛坐像整体由佛身、光背、台座、伞盖几大部分分铸组合而成，但传世品多数只残存佛像部分，佛身一般多在5~10厘米高。

（2）佛像头部为高肉髻，分为磨光式和有发绺式两种。小型像磨光肉髻居多。

（3）大眼呈杏仁形，目光平视，稍大的像有的在唇上表现有小胡须。

（4）身着所谓通肩式大衣，衣纹断面为U形阶梯状。

（5）双手作禅定印结于腹部，有学者认为偏早期的双手掌重叠、掌心向腹如捂肚子状，偏晚些的已经可以表现上下手重叠外翻的立体感。结跌跏坐但不表现双脚。

（6）佛坐于四方形台上，一般正面雕双狮，中有水瓶花叶。光背为同心圆形，像后竖有圆形伞盖。最下部是四足台座。

（7）铜质多为青铜，佛像底部中空，鎏金色偏暖。

十六国佛坐像（1）　　　　　　　　十六国佛坐像（2）

十六国佛坐像（3）

2. 辨伪

十六国时代的佛像较易辨认。十数年前国内尚少有人识，近年来亦有伪作。伪作一般铜质生硬，鎏金生硬、缺少过度层次，有人工作锈痕迹，手感沉重，敲击声音清脆。

十六国仿品佛坐像（1）

十六国仿品佛坐像（2）　　　十六国仿品佛坐像（3）

十六国仿品佛坐像（4）

二、北魏时代的佛像

公元 386 年拓跋氏建魏，398 年迁都平城（今山西大同），统一了北方大部，534 年分裂为东西魏，以后又为北齐和北周所取代，直到 581 年隋朝统一全国。这个时期佛像的样式变化最为剧烈，也最为丰富多彩，由于石佛、铜佛有的刻有铭文，既富于史料价值，又可成为断代的标准器。

1.北魏迁都洛阳前的佛像样式

北魏佛像大致可分为迁都洛阳前和迁都后。迁都前的佛像一般多保留着较浓厚的西域和凉州地区佛像样式的影响，而凉州地区的佛像也是融合了西北印度犍陀罗地区和印度本土马土腊的各种因素，并主要接受的是新疆于阗和龟兹两大系统的佛像样式而形成的。

（1）佛像为磨光式肉髻或分为数绺式，变形的涡卷式水波纹式发型是外来的佛发样式，螺发肉髻（马土腊系统）数量极少。

（2）大衣是通肩式的或袒右肩式，衣纹结构仍多呈 U 形或 V 形，线条隆起，中刻一道阴线。

太和初年（477—499 年）美国大都会博物
馆藏金铜佛立像（1）

太和初年（477—499 年）美国大都会博物馆
藏金铜佛立像（2）

（477年）太和元年杨氏造释迦文佛

（太和年）北魏金铜佛坐像

（3）菩萨头缩高髻，戴冠，束冠的缯带向两侧飘出。上身袒，下着裙。肩搭帔帛。太和时代的帔帛从两肩下垂于膝部然后上卷，以后又发展出帔帛交差穿过一环。

北魏菩萨立像

（4）早期飞天是穿裙露足的，以后变为长裙飘舞，包裹双足不见。

（5）单尊铜造像有大莲瓣形光背，四足台座，四足面宽阔。

2. 北魏迁都后的佛像样式

太和十八年（494 年）孝文帝拓跋宏将首都从平城迁至洛阳，汉化的风潮反映在佛像造型上也与迁都前大为不同。

（1）佛像的发髻除磨光式和浅水波式外，山东地区多见螺发形的。面相趋于清瘦。

（2）大衣除袒右肩和通肩式外，还流行南朝文人士大夫穿着的褒衣博带式，大衣内着僧祇支和裙，裙带作结，大衣的右衣领往往搭于左手上。大衣的下部衣褶层层重叠，形成三四层。尤其是坐像、衣脚密密匝匝，如曲水流波般垂搭于台座前，

（500 年初）北魏时代螺发形式佛立像

北魏时代褒衣博带式佛立像

很有表现的魅力，日本称之为悬裳座。

（3）菩萨们尽管袒上身，但饰物增多，束冠的宝缯也安静地下垂，不再向两侧飘舞；帔帛更为宽肥，有时交差穿过一环；大裙飘逸宽肥，不似早期如紧身裤一样。

三、东魏、西魏时代的造像

公元 534 年北魏分裂为东西魏，东魏踞邺（河北临漳）为都城，西魏踞长安。

西魏的造像风格仍可说是北魏晚期的余风，相较之下，西魏造像风格上偏潇洒飘逸，佛菩萨面相较为消瘦；东魏则整体风格和佛的面相稍显丰满些。东西魏虽然不过十几年的时间，但也制作了许多精美的佛像，特别是东魏在雕刻上更见功力，造型端正，技法纯熟，有不少精美之作流传于世。

北魏时代菩萨立像

西魏时代观音立像

东魏时代佛坐像

四、北齐、北周时代的造像

东魏被北齐所代，北齐的政治中心在邺（今河北临漳），河北曲阳一带，因当地盛产白色大理石，这一带制作的石造像至今遗留尚多，突出的特征是造像身躯凸显，不过分强调衣纹的立体刻画，有的仅在大衣领口、袖口和裙与脚部交接的地方象征性地浅薄刻画出边际线。

佛造像的面型多丰满圆润，五官起伏亦较小，身躯比例亦匀称适中，侧面看，身躯多显扁平，腹部凸起，胸部平缓，以思维太子、思维弥勒像制作为多。还有双双站立或并坐的观音像，这种题材在以前是几乎看不到的。

北周的造像与北齐造像的显著不同之处是造像多浑厚，一般头大身小，体躯略显笨重。面相丰满，宽额。菩萨的璎珞珠粒粗大，在腹前交叉于一环。

五、南朝佛像

南朝从 420 年刘裕代晋到 589 年陈亡，历经宋、齐、梁、陈四朝。据史料记载，佛教发达，寺庙林立，高僧云集，佛像当然也为数不少，但目前只有四川成都出土了数十件南朝石佛像，内中有几件带有年号。传世的还有上海博物馆藏中大同元年（546 年）慧影造佛坐像。

北齐金铜佛立像（1）

北齐金铜佛坐像（2）

北齐双思维菩萨坐像

北周时代思维菩萨像

南朝慧影造佛坐像

　　石窟遗留有南京栖霞山和浙江新安大佛，但风蚀过甚，多失当年风貌。由于南朝带年款的单尊铜、石佛像极为罕见，故伪造南朝佛像颇多，不可不慎。还有一种是将无款的北朝甚至是唐代的金铜佛或石佛添加上南朝年款以冀获利。叶昌炽《语石》中就提到清末的李宝台经常将无款的旧佛加刻南朝伪款的事。

北朝佛像加刻南朝年号佛像（1）　　　　　北朝佛像加刻南朝年号佛像（2）

六、隋朝佛像

隋代（581—618 年）统治时间虽然不长，但佛像至今遗存尚多。隋的造像主流承袭北周造像风格较为明显，大概是与隋和北周均建都长安有关吧。隋的造像在继承北朝造像风格基础上逐渐形成了本时代的格式并向唐代造像风格过渡，也可说是个承上启下的时代。有些隋代造像若无纪年，有时让人感觉是北周的作品，或者认为是初唐的造像，就是这个原因。

隋的造像不论佛、菩萨等一般仍感觉比例略显失调，往往头大身小，腿稍短，造型稍板滞，动态感不强。体形壮硕，有厚重感。

隋代夹纻佛坐像

　　佛像肉髻较为平缓，面部丰满，衣纹有的仍较浅薄，躯体饱满。菩萨的冠高低适中，璎珞的颗粒粗大，下垂过膝，宝缯（缯带）和帔帛也均向两侧低垂，缺少飘逸的动态。

隋代金铜菩萨坐像（1）　　　　　　　隋代金铜菩萨坐像（2）

七、唐代的佛像

初唐的佛造像一般仍多保留着隋代佛造像遗风，造型多呈体态丰肥，饱满壮硕；佛像的头部略显偏大，身体稍短；面相丰满。

衣纹上多喜用隆起如圆绳状的纹线，在圆形或六角形的台座上搭敷披布；布的纹褶转折曲复，成为一时流行的样式。这种台座样式和纹线是以前所见不到的。

佛的发髻从北朝末期到隋较为平缓低矮的样式发展到较为高耸，螺发所见渐多。水波式发髻又变得翻卷自由，纹路活泼，起伏明显。

菩萨的体型稍显丰肥，姿态向更自如发展。

初唐时代菩萨立像

初唐马周造佛坐像

初唐金铜佛坐像

　　流行佛、菩萨、弟子、天王、力士、供养人等组成一堂，各尊的职守更加明确，个性化更强，可以说佛经上所描述的各神祇都已完备。个性化的诸神出场了。

　　由于武则天称帝，伪造大云经，宣称弥勒佛降生，在此风影响下，各地多造弥勒大佛。弥勒佛多取善跏趺坐姿，即双腿下垂倚坐式。

初唐弥勒倚坐像一铺

盛唐时代石佛坐像

1. 盛唐佛造像

唐代可以说是佛造像的黄金时代，此期的造像比例舒展匀称，结构合理，已完全摆脱了隋和初唐时佛头部偏大、体态略僵板的感觉，姿态极为自由活泼。

佛的头部与身躯比例合理，面型丰满，方圆适度，佛发为水波纹式或螺发。除通肩式和袒右肩大衣以及褒衣博带式大衣外，又流行所谓方领下垂式大衣，内着僧祇支和裙，体态饱满丰肥。喜用束腰式台座，底边为六角、八角、圆形或花口形，上搭覆布，布纹转折曲复生动。

菩萨多束高髻，发型优美，五官姣好，上身袒，束腰，重心向一侧扭曲，体态极为生动妩媚。帔帛也有动感，婉转活泼。

盛唐时代金铜菩萨立像

盛唐时代倚坐铁佛像

盛唐时代金铜佛坐像

2. 晚唐佛造像

晚唐佛造像有的与五代（907—960 年）时造像样式接近。此时的造像仍为唐代风格范畴，但技法较前略为退步，盛唐时的那种气势恢宏、充满自信、自由发挥的作风逐渐消失，变成较为拘谨、略显生硬的风格。金铜佛像逐渐体小量轻，制作简略。

晚唐时代金铜佛坐像

五代铜佛坐像

八、北宋和南宋的佛造像

北宋雍熙年木雕旃檀佛像

宋代佛造像呈现出高度写实性的风格。佛的造像肉髻较平缓，五官端正，体型较丰满。值得注意的是螺发与肉髻之间又增加一个髻珠，这个细节在东魏、北齐的佛像偶然可以看到，但很少，晚唐和五代时已普遍流行，在北宋后的汉传佛造像上几成定制。

宋辽连年战争，铜资源贫乏，木雕造像兴盛。木雕加彩的水月观音像，表现观音休憩态，一腿屈盘，一腿下垂（游戏坐）坐于普陀山道场上，造型极为优美生动。宝冠雕饰华丽繁复，观音俨然为人间雍容华贵之女性。

南宋（金）木雕佛坐像（1）

南宋（金）木雕佛坐像（2）

宋代水月观音木雕像

　　宋代罗汉像雕造得更为成熟，十六或十八罗汉成为寺庙配置上重要的组成部分。罗汉们的个性更为鲜明，有的呈所谓"胡僧梵像"。

宋代木雕罗汉头部

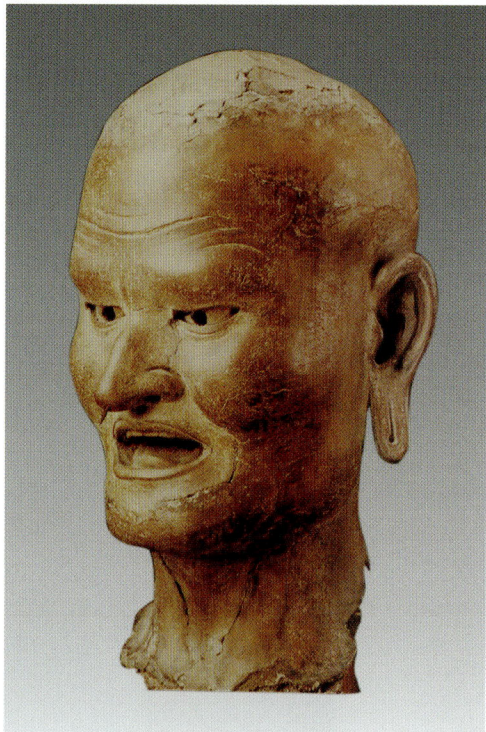

宋代夹纻罗汉头部

宋代大规模雕刻石窟的风气在北方已经减弱，石窟开凿的重点转移到四川地区，如大足石窟、安岳石窟、广元石窟等。杭州的飞来峰石窟也有集中的南宋石雕佛像。

九、辽、金的佛造像

辽代佛像一般肉髻较为平缓，面相肥瘦适中。佛坐像的上半身偏长，胸部宽厚。佛座平面常见有六出花口形和方、圆形，莲花瓣丰满呈盛开状，花瓣肥大饱满。方台座上搭敷的铺布中部呈半圆形，两侧下垂呈三角形，已从唐代的写实化的敷布转化为图案化了。

菩萨的装束较之唐代略显朴素，宝冠有呈三组叶片形的，还有一种宝冠很高耸，正面呈圆筒形，这似乎与辽代贵族喜戴的金银冠式造型有关联。冠的束带飘逸而下垂于两肩。坐像上半身略偏长，在袖口和裙下部往往有如小蛇状的衣纹。

金代的佛造像（主要如木雕、泥雕）仍上承辽代造像的传统，技法上与辽代无太大差异，但金代的佛造像身躯更为饱满，胸大肌突出，体躯壮硕，流露出北方民族的浑朴作风。辽金时代的小金铜佛呈柱形，传世尚多。

辽代的金铜阿弥陀佛坐像（1）　　　　辽代的金铜阿弥陀佛坐像（2）

辽代的石雕阿弥陀佛坐像

辽代的金铜弥勒菩萨坐像

辽代的金铜弥勒菩萨坐像

辽代的金铜观音坐像

金代木雕观音立像

金代的金刚弥勒佛像

十、大理国佛像

大理国（937—1253 年）是以白族为主体建立的政权，统治上层使用汉文，流行佛教。

大理国的佛坐像

佛像一般躯体丰满匀称，佛的肉髻和螺发之间界线并不分明，髻珠明显的加以表现。大理佛像与北方佛像较明显的区别是衣着，汉族喜表现衣褶的起伏转折，质感厚重而写实。大理佛像多见袒右肩式，衣纹极流畅，纹线细密如丝，质感轻薄如纱。由于受到云南西部藏传佛教造像以及东南亚造像的影响，佛陀也戴上了项饰和臂钏，这是北方佛像盛唐时带有密教色彩的饰物。

菩萨的特点较为突出，造像更偏

大理国的佛坐像

大理国的倚坐弥勒佛像

金代的转法轮佛像

清瘦，站立的菩萨像全身板直，双腿并拢，下着裙上多阴刻双 U 形线，秀美纤长，高耸的束发，尖瘦的脸型，细蜂腰和纤细的手臂，接近邻国泰国、柬埔寨等所谓印度支那半岛地区的佛造像。

十一、元、明、清时期的佛像

元、明、清三代由于藏传佛教在内地的流行，藏传佛造像的样式在内地特别是北方地区影响较大。汉族的传统雕塑技法依然在承袭前代基础上继续发展，但已呈衰落趋势。金铜佛像汉地有明确年款的不多，元代石佛像以杭州飞来峰石窟为集中。

明代（1368—1644 年）的佛造像水平亦参差不齐。明代初期大型佛像少见，仅有洪

元代金铜水月观音像（1）

元代金铜水月观音像（2）

武二十九年（1396年）周王造五千零四十八尊小型金铜佛像。须弥座的束腰部分刻有发愿文，字小如粟，共五十字，文曰：

周府欲报四恩，命工铸造佛像，一样五千四十八尊供用，黄金镀之。所以广陈供养，崇敬如来，吉祥如意者。洪武丙子四月吉日施。

据《明史》记载，这周府应是朱元璋的第五子朱橚，洪武三年（1370年）被封为吴王，十一年（1378年）改封周王，十四年（1381年）就藩开封。洪武二十二年（1389年），朱擅离封地，到早年驻守过的凤阳游玩，犯了大忌，按制，未经皇帝许可，不得擅离封地。朱元璋闻之大怒，拟流放云南，后经朝臣说情，暂住京师，两年后又恢复爵位，洪熙元年（1425年）卒，谥曰"定"，故亦称周定王。

为何造五千零四十八尊，是因为《大藏经》有五千零四十八卷。造此数目的佛像是以每尊佛像代表一卷大藏经，每铸一尊佛像即与诵读佛经同功。

大概这种制作精巧的小佛很受时人欢迎，明代就有了仿造，尽管略显粗率，但格局和发愿文都照搬不变，显然并不是出于获利的目的制作的。

洪武二十九年（1396 年）
造小金铜佛像（1）

洪武二十九年（1396 年）
造小金铜佛像（2）

洪武二十九年（1396 年）
造小金铜佛像（3）

还有一种也不像新仿，但做工粗略，字迹潦草，与上面介绍的洪武佛像工艺上完全不是一个档次，且台座很高，尺寸达 6.4 厘米，说不定是清末民国古玩商干的事。

洪武二十九年（1936年）造小金铜
佛像（仿品）（1）

洪武二十九年（1936年）造小金铜
佛像（仿品）（2）

近年来拍卖会上也偶见一二，品相好的已经高达人民币四十万元，不可想象。如此小品价值不菲，仿品也会应运而生了，须应慎购。

明中早期铜佛亦不乏精美者，有署正统年号的金铜佛像风格上有永乐、宣德北京宫廷佛造像形式，但都署私人刻款，应该是民间模仿北京宫廷佛造像而来的。

正统元年（1436 年）北京造持金刚像

正统年北京造佛说法像

正统十二年（1447 年）造观音像（1）　　　正统十二年（1447 年）造观音像（2）

明丙寅年（1446 年）阿弥陀佛立像

景泰和成化时代的北京造像体量高大，造型极为完美，属于宫廷为驻在北京的藏传佛教寺院专门定制的。

明晚期万历时的佛造像，一般多头大身小，姿态僵板，无雕塑之美可言。偶然可见崇祯年款的佛像。

清代（1644—1911 年）的佛造像在北方依然是西藏系统的造像为主流。汉族的传统手法雕塑日渐衰退，乏善可陈，不复振作。

明代景泰年药师佛像

明成化年药师佛像

成化年前后佛坐像

万历时代观音坐像（1）

万历时代观音坐像（2）

崇祯年佛坐像

第三章

藏传佛教造像

金申讲古代佛像

· 藏传佛教造像 ·

　　藏传佛教是指 7 世纪在西藏地区形成的以藏语为载体的佛教。由于地理和宗教方面的原因，西藏佛教艺术与毗邻的印度、尼泊尔、巴基斯坦、克什米尔等地的佛像以及内地汉传佛像有着千丝万缕的联系，尤其是单尊的金铜佛像，易于流动，分布广泛。总之，在藏传佛教的寺庙，这些不同地区制作的佛像都同样受到尊崇。

一、尼泊尔佛像

　　尼泊尔与西藏毗邻，古代也是印度的诸王国之一，释迦牟尼即诞生在尼泊尔西北的蓝毗尼园。

　　从风格上看，不论早晚期，尼泊尔佛造像的来源主要承继笈多时代马土

13世纪尼泊尔莲花手菩萨立像

腊系统的萨尔那特式风格，即身躯凸显，大衣或裙濡湿般紧贴躯干，不注重衣纹刻画。

10世纪后，尼泊尔的佛造像向华丽和写实化发展。佛像的面相一般额较宽，整体呈倒置梯形，表情深沉内省，双耳垂极大，双肩宽厚浑圆，胸部饱满，跌坐的双腿敦实厚重。大衣不注重衣褶刻画。

菩萨像和女性化的度母身段较早期更为秀美，比例协调匀称，肩部宽厚，胸部饱满，重心倾于一侧，裙部依然薄透，有的在双腿胯部斜束一横带，右侧肩上斜搭一长珠链，下垂在横带上自然地曲卷一小弯再上折，这个细节很富表现力和生活情趣，13世纪左右的造像上常可见到，是西藏和克什米尔造像上常见的。

尼泊尔佛像多是清一色红铜铸成，鎏金色亦偏橘黄色，多有磨蚀现象，在凸起之处往往露出铜胎，与清代北京造像的鎏金法全然不同，这也是判定佛造像时代的依据之一。尼泊尔佛像又喜在宝冠、白毫、璎珞等处嵌宝石、松石等。

尼泊尔至今仍在按传统技术制作金铜佛像，仔细观察可对比新旧佛像的不同之处。

13 世纪尼泊尔佛坐像

14 世纪尼泊尔佛坐像

二、西藏西部造像

西藏西部古代佛教的中心地和佛像产地主要为古格王国势力范围，大致相当于今阿里地区。

13—15世纪的藏西佛造像，深受克什米尔佛像影响。其比例匀称，身躯舒展，手脚等极富写实功力，宝冠、缯带、耳环等制作得玲珑剔透，细部凿刻花纹精美，再加上帔帛和卷草纹光背，极尽浮饰之美。由于细部过于雕饰，轻盈剔透，像背后要辅以梁架纠结各镂空部分，以起加固作用，有的背后饰物几乎纠结成网状。

整体造型呈三角形，特别是台座呈大梯形，底边外张，莲瓣宽肥，尖端上卷，台座边缘饰连珠纹。这种大梯形的台座是藏西佛像显著的特征之一，易辨识。

藏西佛像鎏金者较少，制作精美者在眼白、璎珞或台座敷布等细部嵌白银、红铜、松石。

三、西藏中部的佛造像

在佛造像上一般将拉萨及偏南的日喀则及江孜这一大区域的风格统称为

14 世纪阿閦佛坐像（藏西）

14 世纪初宝生佛坐像（藏西）

14世纪中晚明代早期黄财神像

西藏中部样式。

13世纪前的，特别是11世纪、12世纪的西藏铜造佛像呈现着各种流派交汇的现象，难以一言以蔽之。

14世纪中期开始，随着汉藏文化的交流，西藏美术上汉文化的影响开始显现，此时的西藏中部造像样式可以说已经成熟并开始定型。除西部地区自身特点尚强外，西藏中部造样在样式上最易于指摘的，仍可见尼泊尔样式的某些要素，但这些要素与汉文化因素及西藏固有审美趣味相结合，甚为融洽，没有生搬硬套之痕迹。尼泊尔造像的过分强调宽额、阔胸、厚肩等都大为削弱，细腻华丽的背光上的卷草纹及台座繁复的莲瓣纹，以及强调衣帛的柔软质感等手法，都无疑是吸收汉族艺术的体现。

15 世纪弥勒佛坐像

16 世纪大持金刚像

四、内蒙古地区佛像

内蒙古佛像有着浓厚的汉族地区色彩。其制作地有北京、多仑等。多系铜皮打制而成（锤揲法），造型上不够秀美，显得绵软、臃肿。造像一般肩部饱满，胸部宽厚，腹部也显肥满，难以表现立体深厚的衣褶。为了避免这种单调感，故在冠饰、缯带、飘带及璎珞上多加装饰，略显烦琐。

菩萨的冠饰样式较单调，一般多为五佛冠；缯带和帔帛下垂两侧，再上卷，婉转呈祥云状。

台座莲瓣宽肥，轮廓迂缓，缺乏细部装饰，故显单调板滞。

18 世纪弥勒菩萨坐像

脸部面型方圆，脸盘宽阔，颧骨凸显，鼻翼较宽，嘴型较小而上翘呈微笑状，有着典型的蒙古人脸部特征。

立像则动态较板直，已看不到中心倾于一侧的动态，一般腰部细收，骨盆较宽大。

18 世纪尊胜佛母（内蒙古）

19 世纪锤揲佛坐像

五、喀尔喀蒙古佛像

现蒙古人民共和国的范围在清初是由喀尔喀部（八十六旗）组成的，也称漠北蒙古，行政中心在库仑（今乌兰巴托市）。

明末清初以前喀尔喀本地区内制作的藏传佛像至今没有发现。佛像的始造者为札纳巴札尔（1635—1723年）。

札纳巴札尔的作品风格清新，独具特色，影响深远，追随者颇多，亦有许多属于札纳巴札尔派的作品。

喀尔喀佛造像整体上秀美端庄，比例舒展、准确，细部精致耐看，花饰精巧，整体动态上也追求工稳对称，端正中不失纤巧和柔媚感。有些造型样式明显的是来自尼泊尔，脸型清丽，额稍宽于脸颊，下颌较瘦敛，双眉高挑，杏眼高鼻，鼻梁两侧较窄，鼻翼亦较小，上嘴唇较薄，下唇略圆、稍厚于上唇，总之脸部是无可挑剔的俊美相貌。

佛的发型较高敛，肉髻较高，髻珠凸显。菩萨的束发高耸，冠饰精美，束冠的结在双耳上方呈开张的扇形，缯带上扬呈U形或如多曲折向上飘扬状。腰部收敛，胸部呈扇形，佛像多着袒右肩大衣，菩萨下着裙，仍是不注重刻画立体衣褶显得四肢凸显。

　　台座普遍较高，上部多用素莲瓣，下部喜用数层旋纹，底边多呈圆形，与其他系统的佛像相较，很容易辨认。

17 世纪喀尔喀蒙古佛坐像

17 世纪喀尔喀蒙古弥勒菩萨说法像

17 世纪喀尔喀蒙古弥勒菩萨立像

六、明代永乐、宣德朝监造的藏式佛像

　　明代的佛像整体来说，较之宋元时代略有逊色，但官作佛像异军突起。明政府为了联络西藏地方的宗教上层，在皇家的监制下，制作了许多精美的佛像，作为礼品赐给西藏寺庙。

　　明廷制作的藏式佛像约始于永乐六年（1408 年），带款的目前只见"大明永乐年施"和"大明宣德年施"两种，均阴刻于台座前方台面上，款识规正。永乐年款字体秀美，为楷书体；宣德年款字体类似隶书，字体较为浑厚有力。

　　佛的面相丰满端正，宽额，脸型呈方圆，五官位置均匀，眼睑略俯视，表情静穆柔和，略含笑意。若再细分，永乐的佛像似乎更秀美，表情更含蓄，高鼻薄唇，略蕴柔媚之态。而宣德造像脸型较之略趋端庄、丰颐，嘴唇较之永乐造似乎略显厚，鼻梁、鼻翼似略显宽，相较之下，灵动之气似略逊永乐造像。

　　永宣的佛造像特别是菩萨像，腰部细瘦，腰部以上呈扇形，上半身偏瘦长，菩萨袒上身，小腹部紧收，脐窝深陷，富有弹性，莲座的特征较为明显。永乐的莲瓣优美清瘦，莲瓣的内缘纹饰很饱满，尖端部上卷成三颗圆珠状。

宣德的莲瓣则相对显宽阔,遒劲俊逸不足,内缘纹饰尖端上卷成卷草或象鼻状。

题材上多数为显宗的释迦佛、长寿佛(阿弥陀佛)、观世音菩萨、文殊菩萨、白度母、绿度母等,尤以各种度母像数量多而造型精美。

大明永乐年施文殊菩萨

大明永乐年施金刚萨埵

大明永乐年施绿度母（1）　　　大明永乐年施绿度母（2）

大明永乐年施绿度母（3）

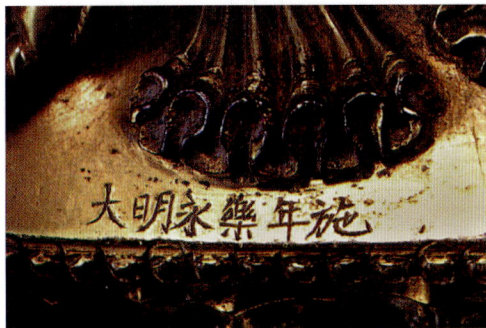

大明永乐年施刻款

大明宣德年施长寿佛坐像

大明宣德年施绿度母

大明宣德年施阿弥陀佛坐像

七、清朝康熙和乾隆时代宫廷造藏式佛像

清代的民间佛像也和清朝政府的统治一样，在乾隆以后江河日下，乏善可陈。但清朝也效仿明朝的做法，在北京紫禁城内的造办处监制了许多鎏金佛像。加之乾隆皇帝本身也信奉藏传佛教，故乾隆时代北京也制作了大量的西藏系的佛像。这些佛像制作精美、细腻，体现了宫廷的审美趣味，在国际上享有极高的声誉。

由于乾隆朝的佛像数量太大，为了做佛事或者为母亲祝寿，一次即动辄铸造成千上万尊，致使佛像制作工艺渐趋简率，千篇一律。比较起来，康熙朝的佛像艺术性较之乾隆朝更高。

康熙朝佛像的面相丰圆适中，较为秀美，尤其是双眼的造型是写实性的，上眼睑呈弧形，略有上扬的感觉。菩萨像的帔帛从双肩下垂又优美地向两侧甩出然后缠绕双小臂，通过双臂再双双复搭于台座前呈垂带状。

此时的莲座高度一般偏低，莲瓣饱满，花型亦较宽肥。纹饰一般为两层，里层莲瓣起伏很高，呈凸起的椭圆形，上又饰有三朵卷云，纹样优美生动。

莲瓣在康熙时代早期是满布台座一周，时代愈后，台座背面的莲花瓣逐

渐简略，变成一块如意云头开光。到了乾隆时代已基本上将背后的莲瓣省略不做，仅剩正面的莲花装饰了，满莲瓣的莲座几乎见不到了。

乾隆朝的佛像数量远远超过康熙朝，由于乾隆朝的佛像数量太多，故工艺水平虽然不低，但为了大量生产，在工艺上就有所简略，技艺上已逊于康熙朝佛像。

乾隆时佛面相较康熙时饱满，额头宽而隆，脸型偏方圆，面相丰满，五官刻画程式化，鼻子有的简略地做出三个面，呈三角体，较为生硬。

康熙时佛像是写实性的眼，上眼睑呈圆弧形，外眼角略上挑，生动传神。而乾隆时的双眼，上眼睑向下垂，弯度很大，呈俯视形。

康熙初年金刚萨埵

111

康熙初年长寿佛（1）

康熙初年长寿佛（2）

康熙中晚期金刚萨陲（1）

康熙中晚期金刚萨陲（2）

康熙中晚期佛说法像（1）　　　　　康熙中晚期佛说法像（2）

乾隆朝代的佛座莲花瓣也大为简略，莲瓣的内层一般不再装饰云朵纹，绝大多数为素莲瓣。莲座的最下缘已不再是明代和康熙造像的直壁样式，而是一律制成圆隆形，给人以圆润肥厚之感。

康熙朝代的佛造像尚多红铜，而乾隆朝代的佛造像几乎多用黄铜，铜质冶炼精致细密，造像器壁厚实严谨，触手感觉生硬干脆，分量沉重，若用金属敲击，发声清脆悦耳，俨如铜铃。

康熙朝代的造像金色偏橘黄、中黄，金质较厚，色泽悦目灿烂。乾隆造像金色偏冷，呈中黄略冷的黄色，又金质较稀薄。

康熙朝代的佛像可以说是笔者近年来才正式予以确认的，从前还没有人做过系统的分析研究，康熙朝代的金铜佛

乾隆朝代北京造千手观音像

像做工精细，金色完美，较之乾隆朝代的大批量生产的佛像更富有艺术性。

带官款的康熙朝代的佛像，全世界至今发现也不过二三十尊。

乾隆朝代弥勒菩萨像

乾隆朝代北京造旃檀佛像

乾隆朝代宗喀巴坐像

乾隆时代菩萨像眼部

康熙菩萨头部

乾隆菩萨头部

康熙朝代佛菩萨与乾隆朝代菩萨
像眼睛对比形式

康熙时代台座

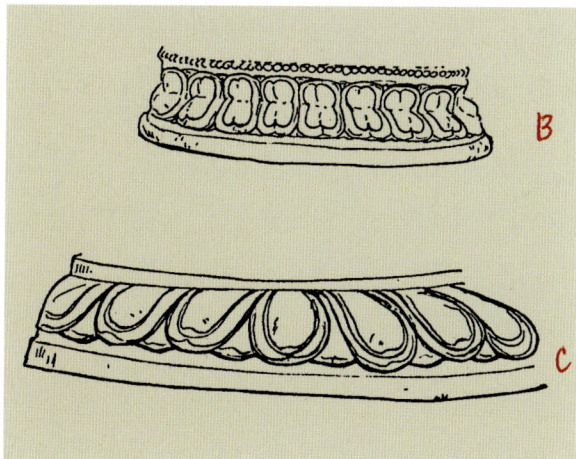

乾隆时代台座

康熙朝代与乾隆朝代台座莲花瓣形式比较

~ 第四章 ~

佛像辨伪概述

—————— 金申讲古代佛像 ——————

· 佛像辨伪概述 ·

　　佛像作为信徒供奉礼拜之用，应该说只有时代早晚之分，并没有所谓真伪问题，但佛像也是商品，匠人制出后要有信徒出资请走，只是单纯和作坊发生联系。石像、铜像上往往刻上发愿人的名字和制作此像的目的，如为某亡者祈福，或因灾异、病难以驱邪厌胜等内容。但当佛像一旦流入古董店，问题就来了。国人有嗜古之癖，宋人张择端的《清明上河图》里已经出现了古董店，店铺里摆着商周青铜器，可见中国不愧为文明古国，鉴古之风由来已久。即今传世和出土的青铜器偶可发现是宋代仿制的，说明宋代古董商为迎合文人好古趣味，已经仿制了商周铜器。元代是蒙古人的天下，没有科举考试，文人的兴趣多转向勾栏瓦舍，创作杂戏以自娱。明朝又兴复古，青铜器又出现伪作。到了清代，文字狱残酷，文人为避祸，多将精力转向经史古籍校勘整理、文字训诂、金石考古方面，举凡青铜诸器、碑碣石刻、秦砖汉瓦、佛画写经、竹简封泥，只要是带字的都是考古的对象。铜、石佛像往往有铭文，自然也被金石学家所注意，特别是所谓六朝的小铜佛、石佛往往也属文人案头清供之一，与砚屏、文房四宝并置。在这种潮流下，一时间带铭文的伪造佛像就应运而生了。

除了文人的需要外，近百年来各国的考古学家对中国古代石雕也产生了浓厚兴趣，不法商人除盗凿石窟佛首、拆迁古寺造像碑、割裂壁画外，更仿造了无数石雕佛像，云冈、龙门样式的思维菩萨、交脚弥勒，一时鱼龙混杂，纷运至世界各国博物馆，至今欧洲、美国、日本的博物馆里依然没进行彻底甄别，伪造石雕仍堂而皇之地亮相。

近年来国内兴起的收藏热，仿造佛像较之历史上更来势凶猛，可乱真的铜、石雕佛像又乘机进了各级博物馆和寻常百姓家。

笔者多年来致力于佛教考古和佛教文物研究，常被邀为国内外文博单位和大学讲学，又编了数册佛像图录，在讲学和著述时，本想引用些标准器，

民国时期仿造的不伦不类的佛像（1）

民国时期仿造的不伦不类的佛像（2）

民国时期仿造的不伦不类的佛像（3）

现代仿造的所谓唐代伎乐天

云冈石窟交脚菩萨像

龙门石窟交脚菩萨像

美国大都会博物馆不伦不类的
思维佛像

美国大都会博物馆伪造的交脚
菩萨像

美国旧金山亚洲艺术馆伪造
的交脚菩萨像

谁知一深究，才发现有些所谓史有定评的名品竟是经不起推敲的伪作！余暇逛逛市场，更是新品充斥，惨不忍睹。博物馆、拍卖行、收藏家尽管也慎重从事，依然有漏网之鱼。

有鉴于此，拟分章简述各时代佛像特征，再举出些真品和伪作的事例，分析伪作的纰漏之处，在篇末概述伪作的规律。因中国地域广大，历史悠久，诸地区各时代所造佛像风格不可能规范统一，又有皇家官府所造标准佛像与穷乡僻壤见不到好样本率意为之的佛像绝不可同日而语。至于年号干支错讹、异字、别字在铭文中也是常见的现象。故佛像的真伪鉴别，尚需多方位、多角度综合判断，不可以偏概全。

笔者写的一些佛像辨伪的文章中列举了多尊清末民国时的伪造古代佛像，有些收藏爱好者有疑问：清末民国的佛像只能说是制作时代晚，并不能因为时代晚就是伪作啊？此说似乎也有道理，现在就谈谈所谓伪作的确切定义。

打个比喻说，某县城商会在民国初期要造一座观音庙，请来了当地的画塑工匠，雕刻一尊观音，工匠不用吩咐马上就可根据他从小跟师傅那传来的图样按期完工，轻车熟路，各方满意，这尊观音不管什么时候看，也是那个时期的作品，文物鉴定只能说是近百年所作，是真品，不能说是伪作，因为工匠只知道老老实实地按传统手法和老师傅传下的图样而雕刻，自然而然地体现出了那个时代的艺术风格，制作的目的只是为了人们供奉，什么时候也不能说是伪作。

但假如这个县城文化发达，有嗜古的文人和外国游客，那城里有个精明的古董商，他也找到这个工匠，说你给我雕刻个云冈石窟的北魏观音，那工匠就是打死他也雕不了，他从小活动的范围不过方圆百十里，什么叫云冈，连听也没听说过。如果古董商拿出云冈的照片，说你就照这个图样雕，那工匠就放心了，照猫画虎也能作个貌合神离的北魏云冈式观音，再吩咐刻上伪款。在百年前左右人们的认识水平下，说不定就能善价而沽了。仿得好的还能漂洋过海，至今陈列在国外的博物馆里。这样的石雕是出于获利的目的而有意识地仿造古代作品，就是不折不扣的伪作；尽管也有百年的历史，但和上述为供奉目的制作的观音是性质完全不同的东西，文物鉴定和收藏界可以理直气壮地称之为伪作。

上海博物馆藏伪作北周石造像（1）　　　上海博物馆藏伪作北周石造像（2）

伪造的北宋铁观音像

伪造的五代石观音像

　　那有没有民国时的人们出于供奉的需要专门要求制作北魏时代的佛像情况呢？这种事恐怕是不存在的，制作佛像是为了信仰，要各方面人都能接受，那种古式佛像与人们心目中的佛的形象距离过远，难以共鸣。尽管敦煌、云冈附近的村民也去拜北魏大佛，但不可能在村里按北魏样式造佛像。就连敦煌石窟群中清代重塑的洞窟内的佛像虽与北魏洞窟近在咫尺，但塑出来还是清朝的服饰，他也不去参考北魏佛像的样式就是明证。

　　再如西藏与邻近的尼泊尔、不丹和印度边境一带的人们多信奉藏传佛教，至今仍在大量制作鎏金藏佛。他们忠实地按照传统图样在制作，有的与二三百年前的佛像样式无异。除宗教信仰需要外，尼泊尔又是个旅游业发达的国家，这些佛像当然也受到外国游客的喜爱，被带到世界各地。这些属于信仰与观赏兼用的佛像，也不能都断然说是伪作，只能说是近代作品。

　　但也有尼泊尔制作的忠实仿造古代克什米尔、东印度和西藏西部的佛像，这些佛像的真品在国际市场上售价极高，自然就有人仿造，这些几可乱真的佛像在市场上和收藏界就可以说是仿品、伪品。

　　这情况与景德镇瓷器情况相似：景德镇的仿古瓷年产量巨大，极受国内

尼泊尔的新工艺摩利支天

尼泊尔的新工艺大自在天

外欢迎，尽管碗底部都写着明清的官造款，但谁也不能说是假的，也没人把它们当成真官窑瓷器，只能说是仿古瓷。因为它们各方面（瓷土、釉料、温度等）毕竟与真品不能相提并论，只能大致近似古瓷的风格而已。但高手们参考国内外名品图册和拍卖行目录，以小灶精心烧制的官窑瓷却真可鱼目混珠，令收藏界打眼，这种瓷器不是伪作是什么？！

所以说判断艺术品的真伪，主要是分析作品制作的目的，以现代技术仿制古代风格的实用器物不能称为伪作，只能说是仿古作。对佛像来说，有的尽管制作时代晚，但是作品忠实地体现出了时代风格，并没有以牟利欺世为目的而刻意仿古，这些佛像也不能说是伪作。反之欺骗买方以获取高利为目的，刻意模仿古代的艺术品就是货真价实的伪作。还有一种情况，本身是明清佛像，但为了善价而沽，号称是北魏或唐代的，甚至在真品上刻上伪款，这些佛像就要具体分析，也不能一概谓之伪作。

一、从造型上鉴定佛像的方法

1. 似有所本，综合创作

清末民国时期，古玩商伪造佛像，专仿唐代以前到北魏的佛像，唐代以

民国时期伪造的似是而非的南朝元嘉十四年
金铜佛像

后的佛像仿造较少，但南北朝的佛像本身就不太多，古董商缺乏好的标准图样，往往就凭空捏造，不伦不类，或者是东拼西凑，移花接木，猛一看似有古意，稍加推敲便漏洞百出。这就要我们平时多翻阅石窟造像的图版材料，多看看博物馆的实物，将可靠的标准器的各时代样式做到心中有数，遇到佛像可以有目的地查阅资料，对比异同。应该说仿品尽管费尽心机，但总有似是而非的地方，特别是衣饰、光背形制、莲座、铭文字体和内容都可能出问题，绝对不可抱有侥幸心理，替作伪者作解释，发现某个破绽，穷追不舍，肯定能弄个水落石出。

民国时期伪造的似是而非的北魏金铜佛像

民国时期伪造的似是而非的北魏金铜佛像　　　　民国时期伪造的似是而非的北魏铜佛像

2. 移花接木法

这里是将数件残器拼合。大致为数件残佛部件组成一件，例如石佛像，北朝的佛像有的是像身及光背是一块整石头雕成，光背下部有榫头，莲花台座另行雕刻，座正中有卯眼，榫头插入组成。出土时往往某部分失落，古董商将不同佛像的数部分拼合为一件。但仔细观察就会发现，首先石质不会完全一样，即使是同地所产的石头，因年代和保存状态不一致，石质的颜色等也有区别。佛像与像座一般不是同年所制，风格上必不一致。例如将北齐的佛像插于唐代的莲花座上，若台座上有唐代某年的发愿文，则此佛像就被认为是唐代佛像，但北齐造像风格与唐代造像风格有很大区别。对各时代的佛造像风格大体心中有数，就能一眼看出这佛身与台座风格的不一致之处。铜佛上也往往有这种情况，尤其是光背，北朝和唐代铜佛光背多是另铸后再组合的，失落的残件又拼合为一尊佛像，是常可发现的情况。如上海博物馆藏的一尊所谓南朝中大通年款的金铜佛像是用唐代的佛像身躯和东魏的背光组合而成的，各部分都是真品，但被拼凑成一件，且加刻了南朝伪款，竟然不察而展出，贻误后学。

民国时期伪造的似是而
非的铜观音像

十六国时代真品佛像与北魏
佛座组合

十六国时代真品佛像与北魏
佛座组合

上海博物馆藏拼凑的所谓南朝金铜佛像（唐代佛加东魏菩萨、和背光然后加刻）

3. 按真品仿造

这一类有三种情况：一种是以真品翻模制造，一种是以真品为范本重新制造，一种是按传统的技艺制造佛像。

（1）真品翻模。这种翻模造出的佛像看上去八九不离十，但稍加注意细部，如脸部、衣褶的局部，特别是手指、脚趾，就会发现细部处理很粗糙，而且模糊，手指生硬，衣纹细部交代不清等，质地上沉重压手，铜质或铁质坚硬。近年来市场上有些仿明朝铁佛像，锈迹斑斑，分量上也很合适，颇可迷惑人，但若注意上述细部，就会觉得生硬碍眼。若是铜佛，则铜锈不自然，分量死沉，缺少灵动。还有许多明代的大青铜佛，外表看上去锈色斑斓，形象也端庄相好，各方面大致都交代得过去。但再仔细看看手指等细部，就会发现手指直愣愣如铁叉，衣纹细部有粘连不清之处。这是因为在翻模制造过程中必然不能完全再现细部，翻铸以后还要施以再加工打磨等工艺。古代艺匠对宗教的虔诚和对宗教艺术的理解与技艺，是现代一般人无法企及的。但翻制者为牟利，缺乏艺术修养，急功近利，所以伪作总是无法与原作相比。最重要的是工艺上的本质区别——古代铸造是用失蜡法，现代往往用塑胶翻模法。只要一看器物的内壁就可立见真伪，所以伪作佛像往往将器底用盖封住，使人看不出铸造方法。

现代仿品

现代仿品底部封盖

（2）以真品为范本重新制造的仿制铜像。一般多以发表的佛像为范本，重新作模仿制。如所见伪品有日本、美国博物馆所藏的北魏太和年制的鎏金佛坐像。这种名品本来就是海内外的孤品，多年前即是名贵文物，怎可能混迹于普通旧货摊？又如唐宋的名画，已难得再流落民间了，光听那名头，不用看东西也可知其真伪的。作伪者仅根据平面照片复制，其他角度造型无法参考，也会出现擅自改动局部纹饰等情况。应该说这种仿制品比真品翻模更容易鉴别真伪。

真品十六国佛像

仿品十六国佛像

真品唐代观音立像　　　　　　　仿品唐代观音立像

真品康熙年四臂观音　　　　　　　　仿品康熙年四臂观音

（3）按传统的技艺制造佛像，比较容易鉴别。因为作伪与上述作伪动机有区别，例如西藏佛像。尼泊尔、西藏地区制作佛像有着上千年的历史，他们是为了宗教的需要而制作佛像，至今仍然按照历史上遗留下来的传统手法忠实地制作着。制作者并不是有意模仿古佛像作伪以骗人，因为制作佛像、法器、绘制唐喀已经形成了一套标准化的规制，对佛像各部位的比例、衣饰、身相、持物等都有详细的规定，所以这些艺匠们制出的佛像，有的与明清时代的铜佛在外形上可以说是几乎没有差别，需慎重购买。

上述介绍的几种识别规律，收藏者鉴定佛像可作参考，实践中再经过亲手揣摩，一定会提高鉴定水平。

尼泊尔按传统工艺制作的黄财神

尼泊尔按传统工艺制作的黄财神

二、从款识上鉴定的方法

从款识上也是个很重要的鉴定方法。有的铜、石佛像，本身是真品，但被加刻伪款，既然加伪款，当然是年代越早越好，于是北齐的佛像加上了北魏的年款，而且是北魏初年的年款，北魏初年的佛像还没有完全摆脱外来的犍陀罗佛像样式的影响，字体也遒劲古拙，而北齐的佛像流行浅薄的衣纹，大衣如湿衣贴体，与北魏初期的深厚起伏的衣纹截然不同。这种在真品上刻伪款的例子很多。从字体、发愿文内容都能发现问题。再例如有的唐代铜佛像本身无款，将光背后或四足面加刻北魏年款。小型北魏铜佛像与唐佛像实际上有很大区别，收藏者若不深入研究其造型，往往看大形，似乎都是四足带光背，再加北魏伪款，就很容易将它作为北魏佛像而上当。

还有是伪品伪款，这类佛像数量较多，佛像作伪者缺乏历史和造像知识，佛像形象不伦不类，款识乱刻一气，稍加注意即可发现其漏洞百出。这主要从四个方面去识别。

（1）从干支纪年方面去识别。例如北魏普泰年号前后仅一年，若出现普泰三年的刻款，此款就颇可怀疑。但佛造像上年款、干支纪年不对又往往是

字体柔弱的现代刻款

真品佛像背后伪刻款（1）

真品佛像背后伪刻款（2）

真品唐代佛像加刻北齐刻款（1）　　　　真品唐代佛像加刻北齐刻款（2）

真品明代男相观音加刻辽天平年款（1）　　真品明代男相观音加刻辽天平年款（2）

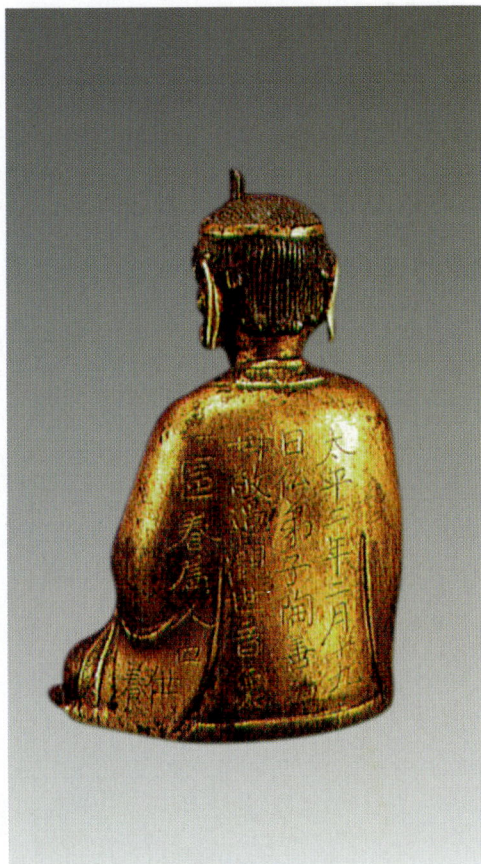

极普遍的现象，因中国地域广大，穷乡僻壤文化水准低下，改朝换代，民间还不知道，继续用前朝天子年号也是常有的事，所以还要具体分析。

（2）用后来史书所称朝代署款。这种错误极为显见，完全是作伪者缺乏起码的历史常识所致。例如曾见一尊鎏金铜观音像，造型不伦不类，看哪都有问题，再看背后，竟然刻有"北周保定四月二日敬造本像"。东魏、西魏为北齐、北周所代，是历史事实，但当时的执政者是以正统的受命于天的天子自居的，自称只能是大周，其亡后，史家称其为北周。历史上分立政权很多，如东魏、西魏、南明等，都是其灭亡后，后来史家的称呼，当时人作器物，怎么能用后来史家所称其所在时代？此外，竟然还有属款为"六朝"的观音像，稍有历史常识的人都可一眼望穿这种不值一驳的拙劣骗术。

还有的佛像用庙号署款的，如有一尊铁观音像，背后竟铸有"大宋仁宗五年"。仁宗是北宋赵祯去世后所尊的庙号，怎么能用庙号来署款呢？前任皇帝去世后，尽管新皇帝已执政，但仍然继续使用原来年号，直到来年的大年初一，改用新年号，不可能出现用庙号来代替年号的现象。若当时所铸，是绝对不可能如此署款。这种显而易见的谬误，稍有历史常识即可识破。

（3）款识内容上出现的佛教知识方面的问题。例如有一尊唐代铜十一面观音立像，外形上看还说得过去，佛造像上是唐代常见的观音像，头部共有三层，为十一面环绕。十一面观音是唐代 600 年末到 700 年初密教流行才开始出现的观音形象。在此之前，观音没有十一面的。但光背后刻款，却是 5 世纪中叶的"大魏太平真君某年"，先不用说造型，就光这十一面观音的形象，也不能提前两百多年出现，这尊观音像是近代人以唐观音魏模翻制的，然后加上了伪款。可见收藏者若多少具备些佛教的基本常识，也可从刻款发现作伪的漏洞。

有一尊铜观音坐像立像，佛造像大致是依据明代佛像形式而来，但背面刻款竟然是"大唐贞观七年"。造型与唐代佛像完全风牛马不相及，稍有唐代佛像形式的概念，一眼就可以望穿。

（4）款识的字体、雕刻方法、异体字与简化字、避讳等方面也可以成为判断佛像真伪的一个依据。

总之就如同医生诊断病人，可以从体温、透视、化验等加以综合判断，任何一个方面有异常都应该深入追究，肯定能得出正确的结论。最怕的是替

不伦不类的北周刻款佛像（1）

不伦不类的北周刻款佛像（2）

所谓大宋仁宗五年观音像（1）

所谓大宋仁宗五年观音像（2）

刻款为唐代的仿品明式佛像（1）　　　　　刻款为唐代的仿品明式佛像（2）

北魏太平真君年款伪造佛像

作伪者说话，假如有一尊北魏太平真君五年（444年）刻款的铜佛，身着褒衣博带式大衣，这尊像就得好好研究研究，因为这种衣饰的佛像在北魏最早出现于孝文帝改制后的公元5世纪末，这在石窟考古上已有定论的，但有的学者虽然也发现了这个问题，却得出此像较学术界公认的服饰出现年代提前了100年，可推翻旧说，这就上了古董商的当，实际上这尊像从其他几方面也可判断是伪作。

学术上鼓励创新，勇于突破前人旧说，但要立足于实事求是的基础上，发现问题，要穷追不舍，宁严勿宽，避免失误。

南朝刻款的伪造佛像